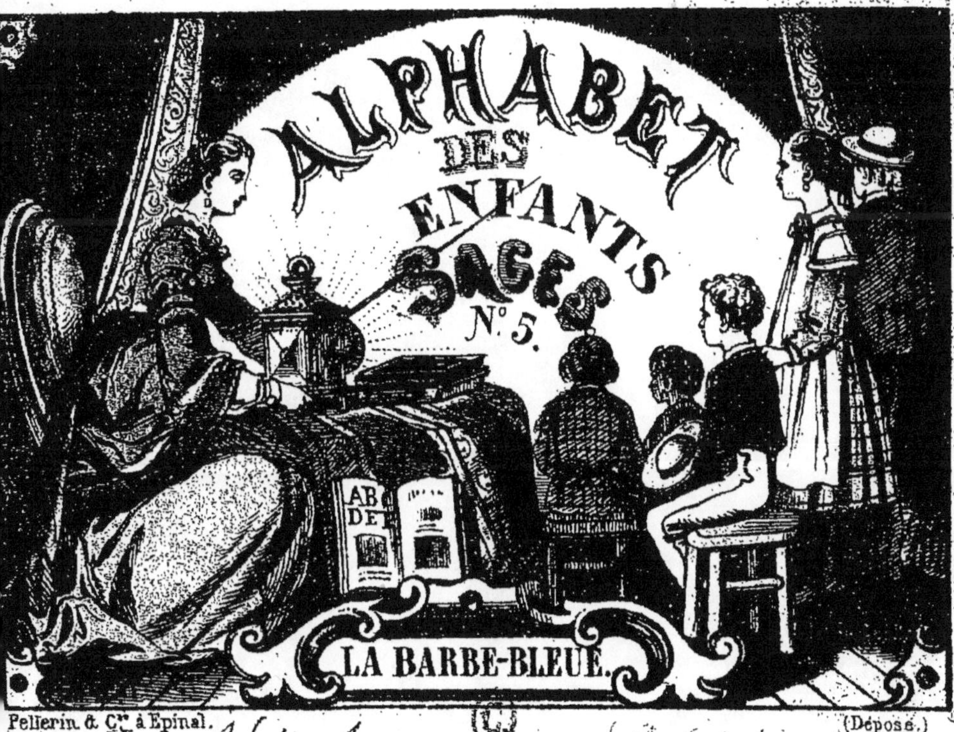
ALPHABET
DES
ENFANTS
SAGES
N° 5.
AB
DE
LA BARBE-BLEUE.

Pellerin & Cie à Epinal. (Déposé.)

ALPHABET.

A B C D E F G H I
J K L M N O P Q R
S T U V X Y Z.
1 2 3 4 5 6 7 8 9 0.

ba	be	bi	bo	bu	ma	me	mi	mo	mu
ca	ce	ci	co	cu	na	ne	ni	no	nu
da	de	di	do	du	pa	pe	pi	po	pu
fa	fe	fi	fo	fu	ra	re	ri	ro	ru
ga	ge	gi	go	gu	sa	se	si	so	su
ha	he	hi	ho	hu	ta	te	ti	to	tu
ja	je	ji	jo	ju	va	ve	vi	vo	vu
ka	ke	ki	ko	ku	xa	xe	xi	xo	xu
la	le	li	lo	lu	za	ze	zi	zo	zu

LE MARCHAND D'IMAGES. Voyez, enfants, de belles images à 1 sou la feuille. Les enfants sages seront récompensés par leurs *parents.*

Voilà le bon **TURC** le chien de GARDE DE LA **MAISON.** PETITS VAGABONDS n'approchez pas, car Turc vous mordrait les mollets.

LE NID D'OISEAUX.

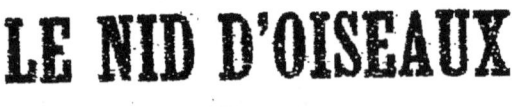

Petit Pierre et PETITE MARIE ont déniché un nid D'OISEAUX. Dénicher les oiseaux est une *mauvaise action.*

LES PETITS LAPINS.
Les lapins se nourrissent d'herbe de feuilles de CHOUX ET DE CAROTTES. Ils sont eux-mêmes Très-bons à manger.

LA MÈRE LA CHÈVRE et son petit Cabri. **LA CHÈVRE APPELLE** son petit en BÊLANT. Le petit Cabri saute autour d'elle en faisant bè...è...è...

Il y avait une fois un puissant seigneur appelé la Barbe-Bleue qui était si laid et si terrible qu'il était craint de toutes les femmes.

Il finit cependant par se faire agréer d'une de ses voisines qui était fort jolie.

Au bout d'un mois de mariage, Barbe-Bleue partit en voyage, et en remettant ses clefs à sa femme, il lui défendit de visiter certain petit cabinet.

Pendant son absence sa femme invita plusieurs de ses amies et leur montra ses richesses et ses beaux appartements.

Poussée par la curiosité, elle ouvrit la porte du petit cabinet et vit les corps de sept femmes que son mari avait épousées.

Ayant laissé tomber la clef dans le sang, elle essaya en vain d'en faire disparaître les taches.

De retour de son voyage, la Barbe-Bleue voyant la clef tachée de sang, menaça sa femme de la mettre à mort.

La pauvre femme courut prévenir sa sœur Anne de monter sur la haute tour pour faire signe à ses frères qu'elle attendait.

La sœur Anne monta sur la tour, regarda au loin, mais n'aperçut qu'un nuage de poussière formé par un troupeau de moutons.

Pendant ce temps la Barbe-Bleue tenant un grand coutelas, criait à sa femme : descends vite ou je monterai là-haut !

— Anne, ma sœur Anne, ne vois-tu rien venir, disait la pauvre femme? Je vois deux cavaliers, mais ils sont encore loin, répondit-elle.

La Barbe-Bleue se mit à crier si fort cette fois que toute la maison en trembla.

« La pauvre femme descendit et fut se jeter à ses pieds tout éplorée et tout échevelée.

Il faut mourir lui dit-il : puis la prenant par les cheveux il leva le bras pour lui trancher la tête.

Tout à coup la porte vola en éclats, et les deux frères se précipitant sur la Barbe-Bleue lui passèrent leurs épées au travers du corps.

La Barbe-Bleue n'ayant pas d'héritiers, sa femme hérita de ses biens, et en profita pour marier sa sœur Anne à un jeune homme qui l'aimait depuis longtemps.

www.ingramcontent.com/pod-product-compliance
Lightning Source LLC
Chambersburg PA
CBHW060916050426
42453CB00010B/1764